Ma très chère amie,

Il faut que je te raconte. Cette nuit j'ai fait un rêve étrange.
Le ciel était absolument bleu. Seul, un peu sur ma gauche, un nuage blanc et gris, bien rond, était perdu dans cette immensité. Allongée sur le sol, les bras derrière la tête, je suivais son léger balancement. Tout à coup, mon œil s'est posé sur une drôle de machine volante, conduite par un homme qui riait. C'était Victor, notre postier. Il tendait à notre voisine Le Petit Journal, *avant de s'élancer vers la maison suivante, chantant à tue-tête : « L'an 2000, l'an 2000… »*
Dans mon rêve, j'ai cru que je rêvais. J'ai fermé les yeux. Les rouvrant doucement, le ciel n'était plus que douceur. L'homme avait disparu. Le nuage dessinait maintenant les tours roses et dorées d'une ville lointaine.
Est-ce que tu crois, ma chère Félicie, à ces folies ? À des véhicules volant aussi facilement que courent les malles-poste ? Moi, tu le sais, je crois aux super-héros, aux Martiens, à la conquête de la Lune et des étoiles.

Je t'embrasse, ton amie Sophie.

Le Facteur rura[l]
en l'an 2000, 1913[,]
lithographie couleu[r]

Collection

Phil'ART

C'est quoi l'imaginaire ?

Heliane Bernard & Alexandre Faure

MILAN
jeunesse

QU'EST-CE QUE L'IMAGINAIRE ?

IMAGE, IMAGINATION, IMAGINAIRE...

« Imaginaire » vient du latin *imaginarius* : qui n'est pas réel, qui n'existe que dans l'imagination. Dans ce mot, il y a « image » : qui est la reproduction de quelque chose de réel ou bien, au contraire, une création. Dans la même famille il y a « imagination » : si je suis dans ma chambre, étendu sur mon lit, je peux imaginer un oiseau, un nuage ou un arbre, même s'il n'est pas devant moi. C'est un pouvoir extraordinaire !

C'est une grande liberté que de pouvoir imaginer et cette liberté peut faire peur à certains. C'est pour cette raison que le philosophe français Nicolas Malebranche (1638-1715) a appelé l'imagination « la folle du logis » !

Jusqu'au XVIIIe siècle, « imaginaire » était un adjectif. On disait, par exemple : « Il a fait un voyage imaginaire », en parlant de quelqu'un qui rêvait de faire un voyage lointain, ne le faisait pas, mais le racontait comme s'il avait été accompli. Le mot a ensuite changé de nature. Il est devenu un nom commun que l'on rattache au rêve et aux créations artistiques. Il renvoie à un monde produit par l'imagination.

Les avis sur ce qu'est l'imaginaire et sur son rôle sont très partagés.

René Magritte, *La Trahison des images, Ceci n'est pas une pipe*, 1929, huile sur toile, 60 x 81 cm

Le peintre belge René Magritte (1898-1967) aimait le mystère, le suspense, l'humour et le merveilleux. Il saura les traduire dans ses tableaux. Enfant, il s'était passionné pour les films de Fantômas et les romans d'aventures. Devenu peintre, il sera l'un des grands représentants du surréalisme, un mouvement littéraire et artistique qui met en avant les pouvoirs du rêve et de l'imagination. Cette œuvre est l'une des plus célèbres de Magritte. Il a peint de façon réaliste et minutieuse une pipe en affirmant : « Ceci n'est pas une pipe ».

Le peintre voulait nous montrer qu'un tableau qui représente une pipe n'est pas une pipe. C'est une image de pipe. On ne peut pas la fumer, comme on le ferait avec une vraie pipe. C'est d'ailleurs la grande idée de ce peintre d'expliquer que la création artistique n'est jamais la réalité. Le philosophe grec Aristote (384-322 av. J.-C.) l'avait dit avant lui : l'imitation d'un objet ou d'une situation dans une pièce de théâtre ressemble à cet objet ou à cette situation, mais n'est pas lui, ni elle.

COMBLER

Portrait imaginaire
d'Homère aveugle,
IIe siècle av. J.-C.,
ronde-bosse, marbre,
hauteur 53 cm

RENDRE PRÉSENT CE QUI EST ABSENT

Autrefois, des personnages étaient célébrés de leur vivant par des portraits peints ou sculptés. Ces images symbolisaient leur puissance ou leur autorité morale. Au fil des siècles, ils ont hanté l'imaginaire des poètes, des artistes et des écrivains qui leur ont donné un visage, une expression, une silhouette.
Si quelqu'un qui nous est proche meurt, nous désirons le retrouver. Nous en avons besoin. Un portrait peut rendre éternellement présent celui ou celle qui a disparu.
Depuis le XIXe siècle, la photographie, les films, les vidéos conservent les effigies des hommes ou des femmes illustres mais aussi celles de nos proches. Ces images ont largement remplacé les portraits du passé.

Le poète grec Homère, auteur de l'*Iliade* et de l'*Odyssée* a vécu au VIIIe siècle av. J.-C. Il était très célèbre et honoré à l'égal d'un dieu. À partir du IVe siècle av. J.-C., des artistes grecs ont peint ou sculpté de nombreux portraits imaginaires de lui pour orner les bibliothèques des milieux savants d'Athènes, d'Alexandrie et de Pergame. Les cheveux et la barbe du vieux poète, que la tradition disait aveugle, semblent toujours en mouvement.

L'ABSENCE

Le défunt est accueilli par Anubis et présenté à Osiris, IIe siècle, peinture sur linceul, toile de lin peinte à la détrempe, 180 x 128 cm

Un linceul est une pièce de toile dans laquelle on enveloppe un mort. Ici, sur un grand morceau de lin, ont été peintes trois figures. Au centre se dresse le jeune défunt. À sa gauche, Anubis, le dieu des morts au corps d'homme et à la tête de chacal, le présente à Osiris, dieu de la vie éternelle. Ce dernier a pris la forme d'une momie, c'est-à-dire d'un mort qui a été embaumé, comme cela se faisait chez les Égyptiens. Le défunt nous regarde. Il est habillé d'une tunique blanche. Dans la main gauche, il tient la couronne de roses qui indique qu'il a été jugé « juste » par Osiris et peut donc s'identifier à lui et passer de la mort à une nouvelle vie. Le portrait du jeune homme est probablement proche du réel.

UN MONDE

HORREUR, FRISSON ET PLAISIR

En voyant les oiseaux voler, l'homme a rêvé de voler. Quand il regardait les étoiles et la Lune, il a imaginé des extraterrestres. En comprenant qu'il était mortel, il a souhaité l'éternité. Quand il souffrait, il a rêvé de guérir. De nombreux récits évoquent des fontaines, des fleuves, des sources qui purifient, guérissent, rajeunissent celui ou celle qui s'y plonge ou y boit.

L'homme aime aussi se faire peur. Il a inventé des êtres fantastiques, apparentés au royaume des morts ; des créatures comme les fantômes ou les anges qui viennent sur Terre pour le tourmenter, ou pour l'aider, lui faire peur ou veiller sur lui. Dans toutes les cultures, l'imaginaire commun est peuplé de ces êtres fantastiques.

Giacomo Jaquerio (v. 1380-1453) est un peintre italien qui fréquenta des peintres miniaturistes flamands, ce qui explique sa façon de peindre avec minutie de nombreux détails. L'eau est nécessaire à la vie de la Terre. C'est pourquoi elle apparaît dans de nombreuses légendes ou œuvres d'art. Dans la Bible, on voit une source jaillir au pied de l'arbre de Vie. La fontaine de Jouvence, appelée aussi fontaine de Vie, est un symbole de perpétuel rajeunissement, donc d'immortalité.

Giacomo Jaquerio, *La Fontaine de la Vie, l'arrivée et la baignade dans la fontaine*, 1418-1430, fresque, détail

SURNATUREL

Katsushika Hokusai, *Le Fantôme de Kohada Koheiji*, série « Cent contes de fantômes », 1831, estampe nishike-e, 25,8 x 18,5 cm

Katsushika Hokusai (1760-1849) est un peintre, dessinateur, poète japonais. En 1800, il se donne comme surnom « le vieillard fou de dessin ». Peu avant de mourir, il a dit : « Encore cinq ans et je serai devenu un grand artiste. » Cet artiste a beaucoup utilisé l'estampe, image imprimée au moyen d'une planche gravée en bois, cuivre ou pierre. Cette technique est très ancienne et traditionnelle en Chine. Elle s'est transmise au Japon. Elle permet de conserver et de diffuser des œuvres d'art. Hokusai est l'auteur de la *Mangwa*, une encyclopédie en images représentant tout ce qui existe dans la nature. Les volumes X et XI sont différents. Ils décrivent des êtres imaginaires, monstres, fantômes, mutants qui incarnent les forces du mal et sont présents dans les contes traditionnels. Cette image de fantôme fait partie de l'un des contes dessiné par Hokusai.

L'IMAGINAIRE

MYTHES ET LÉGENDES

Les hommes ont inventé des êtres symboliques, fantastiques et puissants, bienveillants ou terribles, composés d'éléments empruntés au monde animal ou végétal. Par exemple, la licorne est un cheval blanc auquel on a associé la corne d'un autre animal, le narval. Un dragon possède des ailes d'oiseau, une queue de serpent, des griffes de tigre. On trouve aussi des hommes-lézards, des chevaux ailés, des centaures (créature moitié homme et moitié cheval).

Gustave Moreau, *Les Licornes*, 1885, huile sur toile, 115 x 90 cm

La licorne, bête fabuleuse d'origine orientale, symbole de pureté, est fréquente dans le bestiaire du Moyen Âge. Sa longue corne au milieu du front signifie aussi la puissance. Gustave Moreau (1826-1898), peintre, graveur et dessinateur, a donné un rôle primordial à l'imaginaire. Il s'était surnommé « l'assembleur de rêves ». Ses œuvres s'appuyaient sur les légendes ou les mythes de l'Antiquité. Il a aussi emprunté aux ouvrages sur l'Inde, la Perse et l'Égypte. On appelle l'art de ce peintre, le symbolisme, un mouvement littéraire et artistique de la fin du XIXe siècle. Les artistes de ce mouvement ne voulaient pas reproduire la réalité mais peindre des sensations, des mondes imaginaires, la beauté. Les principaux peintres symbolistes sont, avec Gustave Moreau, Pierre Puvis de Chavannes, Maurice Denis, Paul Gauguin, Émile Bernard.

NE NAÎT JAMAIS DE RIEN

Jean Cocteau (1889-1963) est un artiste aux multiples talents : poète, cinéaste, mais aussi dessinateur, romancier, auteur de théâtre. Il affirmait que tout son travail était poétique. Il s'est beaucoup inspiré des mythologies, comme dans ce photo-montage où il transforme l'actrice Natalie Paley en sphinge. En Grèce, le Sphinx (ou la Sphinge) était une créature fantastique représentée avec un buste de femme, un corps de lion et des ailes d'oiseau.
Le mythe raconte, qu'envoyé par Héra, la déesse grecque de la famille, pour punir les habitants de Thèbes du meurtre de leur roi, l'animal ravagea les champs et terrorisa les populations jusqu'à ce qu'Œdipe trouve la solution de l'énigme suivante : quel est l'être doué de la voix qui marche d'abord à quatre pattes, puis sur deux pattes, et enfin sur trois pattes ? « L'homme, répondit Œdipe : enfant, il se déplace à quatre pattes ; adulte, il marche sur deux jambes ; quand il est vieux, il a trois jambes, lorsqu'il s'appuie sur son bâton. » Furieux de cette bonne réponse, le Sphinx se jeta du haut de son rocher et se tua.

Jean Cocteau, *Silence ! ici j'ordonne…, Natalie Paley en sphinge*, 1932, photographie, dessin et commentaires manuscrits, montage sur carton, 33,4 x 24,6 cm

DES IMAGINAIRES COLLECTIFS

DES RÉCITS FONDATEURS

Il semble bien que l'homme ait besoin d'histoires qui rapportent des faits étonnants, transforment des personnages en héros. Au cours des siècles, ces récits portent les valeurs communes du groupe, fondent son identité, inventent des lieux mythiques, des espaces paradisiaques ou infernaux.
Les religions, pour souder leurs adeptes, utilisent elles aussi des images et un langage symbolique qui vont frapper les imaginaires.
De la même façon, les pouvoirs politiques aiment à s'entourer de légendes.
Aujourd'hui, les médias forgent une culture *people* qui met en avant des personnalités du sport, du cinéma, des finances… et cherche à les transformer en mythe.

La Tour de Babel est un édifice que les hommes ont voulu élever pour atteindre le ciel. Dieu les a punis de leur orgueil en multipliant les langues parlées. Ne se comprenant plus, ils ont laissé la tour en chantier. Le peintre flamand Bruegel l'Ancien (v. 1525-1569) a vécu à Anvers, une ville cosmopolite qui était alors un véritable carrefour international. Il était aussi un grand lecteur, particulièrement de la Bible. Ses lectures, le climat religieux et politique violent de son temps, la misère du peuple ont profondément influencé son œuvre.

Pieter Bruegel, dit « Bruegel l'Ancien », *La Tour de Babel*, 1563, huile sur bois, 114 x 155 cm

IMAGINAIRES ET RELIGIONS

DES DÉMONS ET DES ANGES

Les croyances religieuses donnent forme à des anges, à des démons, à des lieux, à des actions extraordinaires... La ferveur populaire accorde à ces êtres toutes sortes de pouvoirs : ils guérissent, accompagnent les voyageurs, veillent sur leur santé, font marcher les paralytiques, accomplissent des miracles. Ils sont comme une manifestation concrète de l'existence de Dieu, de sa puissance, de sa bienveillance. Ils sont des intermédiaires privilégiés. Se recommander d'eux ou se remettre en leurs mains équivaut à se garantir le ciel. Les démons, eux, sont inventés pour alimenter la peur des châtiments ou de l'enfer et soumettre les croyants au pouvoir religieux.

Stefano di Giovanni, dit « Sassetta », *Le Bienheureux Ranieri Rasini délivre les pauvres d'une prison*, XVe siècle, huile sur bois, 43,4 x 63,3 cm

Sassetta (v. 1400-1450) est un peintre italien, réputé pour la luminosité et la poésie qui baignent ses œuvres. En 1437, il reçoit la commande d'une œuvre monumentale destinée à l'église San-Francesco dans la ville de Borgo San Sepolcro : le grand retable de saint François. Le tableau *Le Bienheureux Ranieri Rasini délivre les pauvres d'une prison* en faisait partie. Les moines de San-Francesco s'étaient adressés à Sassetta, l'artiste siennois le plus célèbre, pour honorer la mémoire d'un bienheureux local, Ranieri Rasini, mort en 1304. Dans ce tableau, Sassetta donne libre cours à son imagination et à son goût du merveilleux.

L'Imam Reza combat un démon, page d'un Fàlnàma (« Livre des présages »), vers 1550, miniature, gouache, or, papier, 59 x 44 cm

Cette peinture orne la page d'un livre illustré de miniatures précieuses rehaussées d'or. Elle représente un imam, chef religieux musulman, perçant de sa lance un démon géant à la fois animal et homme. On ne distingue pas les traits du personnage puisque la reproduction des visages est interdite dans cette religion.

IMAGINAIRES POLITIQUES

DES DESTINS EXCEPTIONNELS

Les pays, les villes ont leurs légendes : ces lieux naissent souvent dans des circonstances étonnantes, grâce à des personnages aux destins exceptionnels. Par exemple, l'Empire romain serait né et devrait sa puissance à la louve qui a recueilli les jumeaux Romulus et Remus et les a nourris. Romulus, devenu grand, a affronté son frère et gagné la souveraineté sur Rome, ville qu'il fait construire et gouverne. On attribuait encore aux rois de France le pouvoir de guérir les écrouelles (abcès au cou) par simple attouchement…

Les gouvernants se font représenter sur tous les supports possibles : statues, portraits, médailles, pièces de monnaie…, qui répètent et répètent encore qu'ils sont les maîtres. Des œuvres d'art les montrent en tenue d'apparat, dans des décors somptueux ou dans des scènes de couronnement ou de bataille. En rappelant leurs hauts faits, ces images affirment ou renforcent le mythe de leur puissance. Inversement, les artistes peuvent aussi dénoncer dans leurs œuvres les dictatures, les guerres, les oppresseurs.

Jacques Louis David, *Bonaparte, Premier consul, franchissant le Grand-Saint-Bernard, 20 mai 1800*, XIXe siècle, huile sur toile, 271 x 232 cm

Le peintre Jacques Louis David (1748-1825) a accueilli avec enthousiasme la Révolution française de 1789. Bonaparte, le futur empereur Napoléon Ier (1769-1821), en a fait son peintre officiel. Sur ce tableau, il est présenté comme un héros, ce qui contribue à sa légende !

Francisco Goya, *Le Colosse*, 1808-1812, huile sur toile, 116 x 105 cm

Le peintre et graveur espagnol Francisco Goya (1746-1828), devenu sourd à la suite d'une grave maladie, a peint, dessiné ou gravé ses hantises, ses cauchemars et les événements dramatiques du moment. Lorsque Napoléon Ier a envoyé les troupes françaises envahir Madrid, en 1808, le peuple espagnol s'est révolté. Les soldats napoléoniens ont massacré les gens, détruit les maisons. Goya traduira leurs souffrances dans deux tableaux : *Le Colosse* et *Désastres de la guerre* (1810-1823).
Pour certains, *Le Colosse* symboliserait la guerre surgissant de la terre, la dominant et indifférente au peuple. Une sorte de géant monstrueux qui épouvante la foule de paysans sans même la regarder. Pour d'autres, le peintre se serait inspiré d'un poème populaire paru à Madrid en 1808 qui présentait Napoléon comme un tyran. Le colosse serait le « gardien des montagnes », les Pyrénées, qui séparent l'Espagne de la France.

DES PERSONNAGES DE LÉGENDE

ENTRE PROFANE ET SACRÉ

La ferveur populaire a toujours eu besoin de se nourrir de rêves. Elle aime les récits qui auréolent de prodiges ou de légendes certains personnages dont les actions ou la beauté sortent du commun. Au cours des années ou des siècles, la vie de ces hommes ou de ces femmes s'augmente de faits éclatants. Ils exercent une sorte d'attraction, alimentent les imaginaires, un peu comme dans les contes de fées. Leur naissance est étonnante ; le moindre geste, singulier ; le plus petit acte, saisissant ; leur destin, souvent tragique ! Tout ce qui les concerne devient extraordinaire. Aujourd'hui, les stars du cinéma, de la télévision, du football, de la musique ont pris la place des héros du passé.

Pseudo-Callisthène est un auteur (égyptien ou grec d'Égypte) dont nous ne connaissons rien. On l'appelle ainsi parce qu'il voulait se faire passer pour Callisthène, le biographe contemporain d'Alexandre le Grand (356-323 av. J.-C.), roi de Macédoine et maître de la Grèce à vingt ans. Le *Roman d'Alexandre*, célèbre au Moyen Âge, a été souvent illustré. Il ne se base pas sur la réalité historique. Il décrit des épisodes fabuleux de la vie de son héros. Sur cette image, Alexandre est emporté au ciel par des griffons, lions ailés à bec et à serres d'aigle.

Alexandre s'envole dans une nacelle portée par des griffons, in *Roman d'Alexandre*, vers 1470-1475, miniatures et enluminures sur vélin, 35 x 24,5 cm

Mimmo Rotella, *Marilyn*, 1962, décollage, 125 x 95 cm

En 1955, le peintre italien Mimmo Rotella (1918-2006) a commencé à coller sur la toile des morceaux d'affiches publicitaires pris sur les murs des villes. Il a fait partie des Nouveaux Réalistes. Les artistes de ce mouvement, né en 1960, utilisent des objets réels, des choses que l'on trouve dans la vie quotidienne, pour créer leurs œuvres. L'image radieuse de la célèbre star américaine Marilyn Monroe (1926-1962), immortalisée la même année par le peintre américain Andy Warhol (1928-1987), est devenue une icône moderne mondiale. Rotella a utilisé une affiche qui laisse apparaître le texte « L'histoire d'une des femmes les plus belles de son temps ». Le mythe Marilyn a commencé de son vivant. Mais depuis sa mort, légendes, récits, images n'en finissent pas de le recréer.

L'IMAGINATION, PUISSANCE CRÉATIVE

LA REINE DES FACULTÉS

L'imaginaire est le produit de l'imagination. Les arts, la littérature, les sciences et les jeux lui doivent beaucoup, car les hypothèses et les projets naissent d'abord dans cette région mystérieuse du cerveau appelée imagination ! Un grand poète français, Charles Baudelaire (1821-1867), en parlait ainsi :
« Mystérieuse faculté que cette reine des facultés ! Elle touche à toutes les autres ; elle les excite, elle les envoie au combat… Que dit-on d'un guerrier sans imagination ? Qu'il peut faire un excellent soldat, mais que, s'il commande des armées, il ne fera pas de conquêtes. D'un savant sans imagination ? Qu'il a appris tout ce qui, ayant été enseigné, pouvait être appris, mais qu'il ne trouvera pas les lois non encore devinées. »
(*Salon de 1859*)

Honoré Daumier, *Le Mélodrame*, 1856-1860, huile sur toile, 97 x 89 cm

Honoré Daumier (1808-1879), peintre, sculpteur, caricaturiste et lithographe, a publié en 1830 ses premières lithographies. Il peint ici une scène de mélodrame, pièce de théâtre populaire très à la mode au XIXe siècle, dans laquelle il y a des crimes, des larmes, de la musique et des effets spectaculaires !

LA CRÉATION LITTÉRAIRE

LES MONDES INFINIS DES ÉCRIVAINS

Le langage imaginaire donne vie dans les mythes, le théâtre, la poésie, les romans… à des êtres étonnants, à des animaux étranges, à des personnages célèbres.

Les héros trouvent vie dans les œuvres légendaires transmises de siècle en siècle.

Les contes qui font les délices des enfants, et de leurs parents, inventent toutes sortes d'êtres qui s'enracinent dans les mémoires, marquent les imaginaires.

Eugène Delacroix,
Dante et Virgile aux enfers
(ou *La Barque de Dante*),
1822, huile sur toile,
189 x 246 cm

Lewis Carroll (1832-1898) était un écrivain, photographe, professeur de mathématiques anglais. Accompagné de l'un de ses collègues, Duckworth, il avait emmené en promenade sur un canot Alice Liddell, la fille d'un ami, âgée de dix ans. Pour la distraire, il improvisa un conte que la petite fille lui demanda d'écrire. Cette histoire devint *Les Aventures d'Alice sous terre*. Il rédigea une deuxième version, *Les Aventures d'Alice au pays des merveilles*, publiée en 1862. Dans ce chef-d'œuvre de la littérature fantastique, les personnages, roi, reine, sorcière, animaux, se comportent et parlent comme les humains. Les pièces du jeu d'échecs et les cartes à jouer sont vivantes.

Le peintre Eugène Delacroix (1798-1863) a fait partie du courant romantique qui privilégiait la sensibilité et l'imagination, le mystère et le rêve. Les écrivains, poètes, musiciens, peintres de ce mouvement ont trouvé leur inspiration dans les mythes antiques et les légendes du Moyen Âge. Pour ce tableau, Delacroix s'est inspiré du Chant IV de L'Enfer dans *La Divine Comédie*, un immense poème épique du poète italien Dante Alighieri (1265-1321).

John Tenniel, *La Douche des cartes*, 1866, lithographie couleur, illustration pour *Alice au pays des merveilles* de Lewis Carroll

LES IMAGINAIRES DES ARTISTES

LES ESPACES DE L'IMAGE

L'écrivain latin Pline l'Ancien (23-79) raconte la naissance de l'art grec par la belle histoire du premier portrait du monde : il était une fois, à Corinthe, en Grèce, la fille d'un potier amoureuse d'un jeune homme. Désespérée parce que ce dernier partait en voyage lointain, elle voulut en garder une image. Elle traça à la craie une ligne autour de l'ombre du visage de l'aimé sur un mur. Son père appliqua de la terre sur le dessin, en fit un relief qu'il fit cuire. La fille du potier de Corinthe pouvait ainsi imaginer son amoureux grâce au dessin sur le mur et au relief en terre cuite !
On raconte que c'est depuis ce temps-là que les artistes, sculpteurs, peintres, dessinateurs, photographes, cinéastes recréent une réalité idéalisée ou inventent des mondes imaginaires.

Caspar David Friedrich, *Le Voyageur au-dessus de la mer de nuages*, 1817, huile sur toile, 94,5 x 74,8 cm

Caspar David Friedrich (1774-1840), peintre et graveur allemand, est le principal représentant du paysage romantique allemand du XIXe siècle. Dans ses tableaux, les arbres plient sous la tempête, tendent désespérément leurs branches nues vers le ciel ; les montagnes sont menaçantes et mystérieuses. Ses œuvres expriment la mélancolie, l'impuissance de l'homme face aux forces de la nature.

Le peintre belge surréaliste René Magritte (1898-1967) se met ici lui-même en scène dans cet autoportrait. Il crée l'illusion de la réalité et de la ressemblance et, en même temps, il montre qu'il ne s'agit pas de réalité mais de peinture.

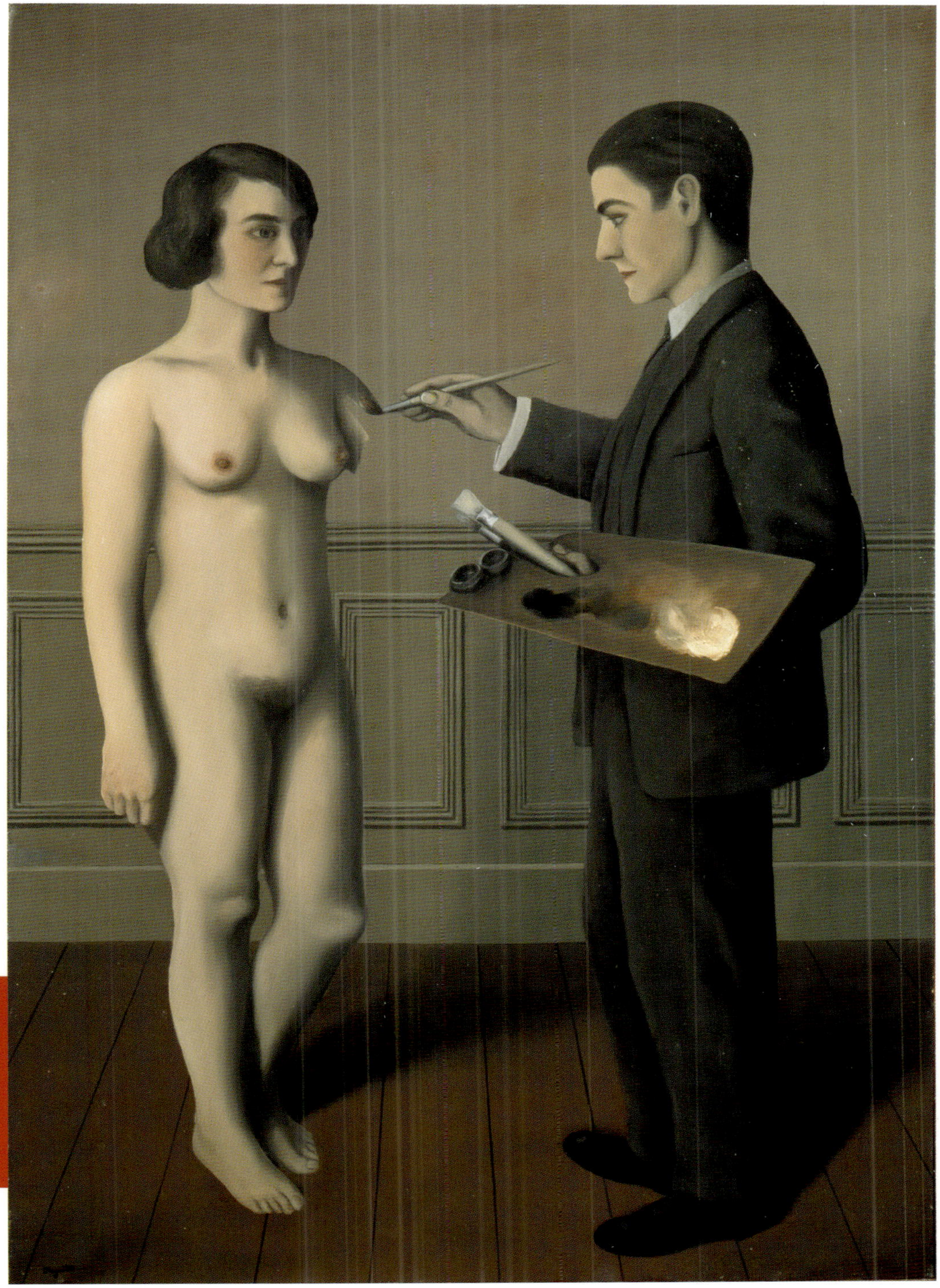

René Magritte, *La Tentative de l'impossible*, 1928, huile sur toile, 116 x 81 cm

L'ENCHANTEMENT DE L'ENFANCE

POUR PEU QU'ILS AIENT UN PEU D'IMAGINATION…

Ce sont sûrement les enfants qui ont la palme d'or des mondes imaginaires ! Donnez un cheval de bois à un petit et il chevauchera des montagnes, des nuages, il explorera la Lune et les étoiles. Un animal en plastique le fera hurler de terreur ; une musique, danser jusqu'à tomber ; un bateau en papier l'emmènera ailleurs.

Il trouve une boîte vide sur le trottoir. Il l'attaque du pied, la projette, la reprend, court, feinte. Il est Zinedine Zidane ou Arda Turan.

Claude Monet, *Jean Monet sur son cheval mécanique*, 1872, huile sur toile, 59,1 x 73 cm

Auguste Renoir, *Claude Renoir jouant*, vers 1905, huile sur toile, 46 x 55 cm

Le peintre Claude Monet (1840-1926) rencontra à dix-huit ans le peintre Eugène Boudin (1824-1898) qui l'encouragea à « faire du paysage d'après nature ». Installé à Paris, il connut d'autres peintres. Avec eux, Monet prit l'habitude de peindre en plein air. Il étudiait surtout la lumière, travaillait par touches de couleur pure. Il se fiait aux impressions colorées reçues par son œil. C'est pourquoi on dit qu'il est le génial chef de file de l'école impressionniste.

Le peintre Auguste Renoir (1841-1919) a d'abord été apprenti à quatorze ans chez un décorateur de porcelaine. Dès qu'il le pouvait, il courait au musée du Louvre copier les œuvres de l'Antiquité. Après sa rencontre avec le groupe mené par Claude Monet, il commença à peindre en plein air. Émerveillé par la capacité des enfants à s'inventer des mondes, il a peint de superbes portraits inspirés par les jeux de son troisième fils, Claude.

IMAGINAIRE ET DÉCOUVERTES SCIENTIFIQUES

« L'IMAGINATION EST PLUS IMPORTANTE QUE LE SAVOIR »

Cette phrase est d'Albert Einstein (1879-1955), physicien et mathématicien allemand, naturalisé américain en 1940, et l'une des figures majeures de la science contemporaine. Et le biologiste et écrivain français Albert Jacquard (né en 1925) ajoute : « Sans imagination il ne pourrait y avoir création. » (*Petite Philosophie à l'usage des non-philosophes*, 1999)

Tous les savants, tous les explorateurs des sciences sont des curieux insatiables, des agités du cerveau, des passionnés des secrets de l'Univers. Enfants, c'est sûr, ils se penchaient sur les insectes, observaient les oiseaux, s'interrogeaient sur les étoiles... et, avec obstination, répétaient « pourquoi ? ». Tous, dans leurs spécialités, ont d'abord imaginé, puis échafaudé des projets, émis des hypothèses. Certains ont eu des intuitions fulgurantes. L'expérimentation et la vérification sont venues après.

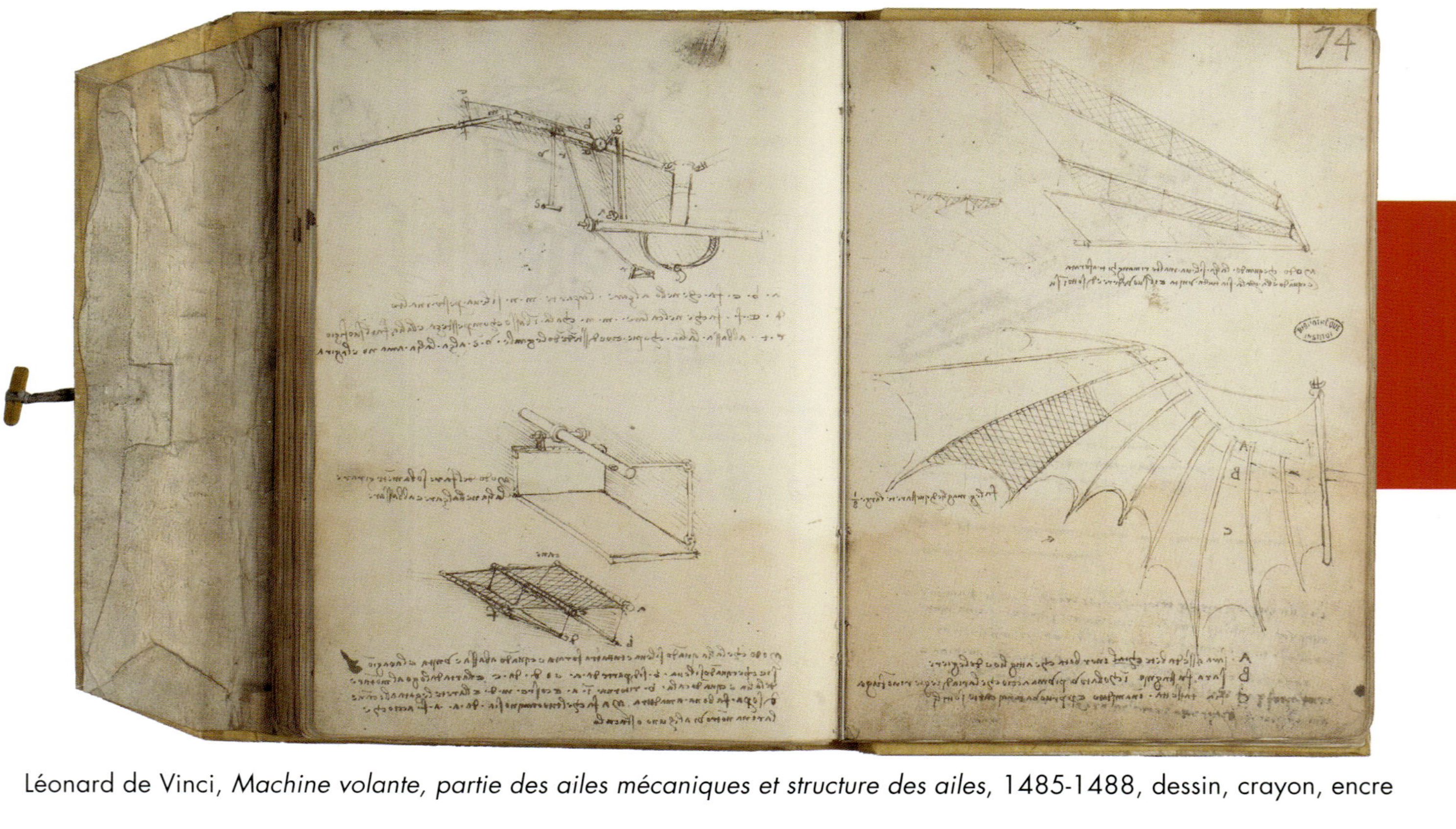

Léonard de Vinci, *Machine volante, partie des ailes mécaniques et structure des ailes*, 1485-1488, dessin, crayon, encre

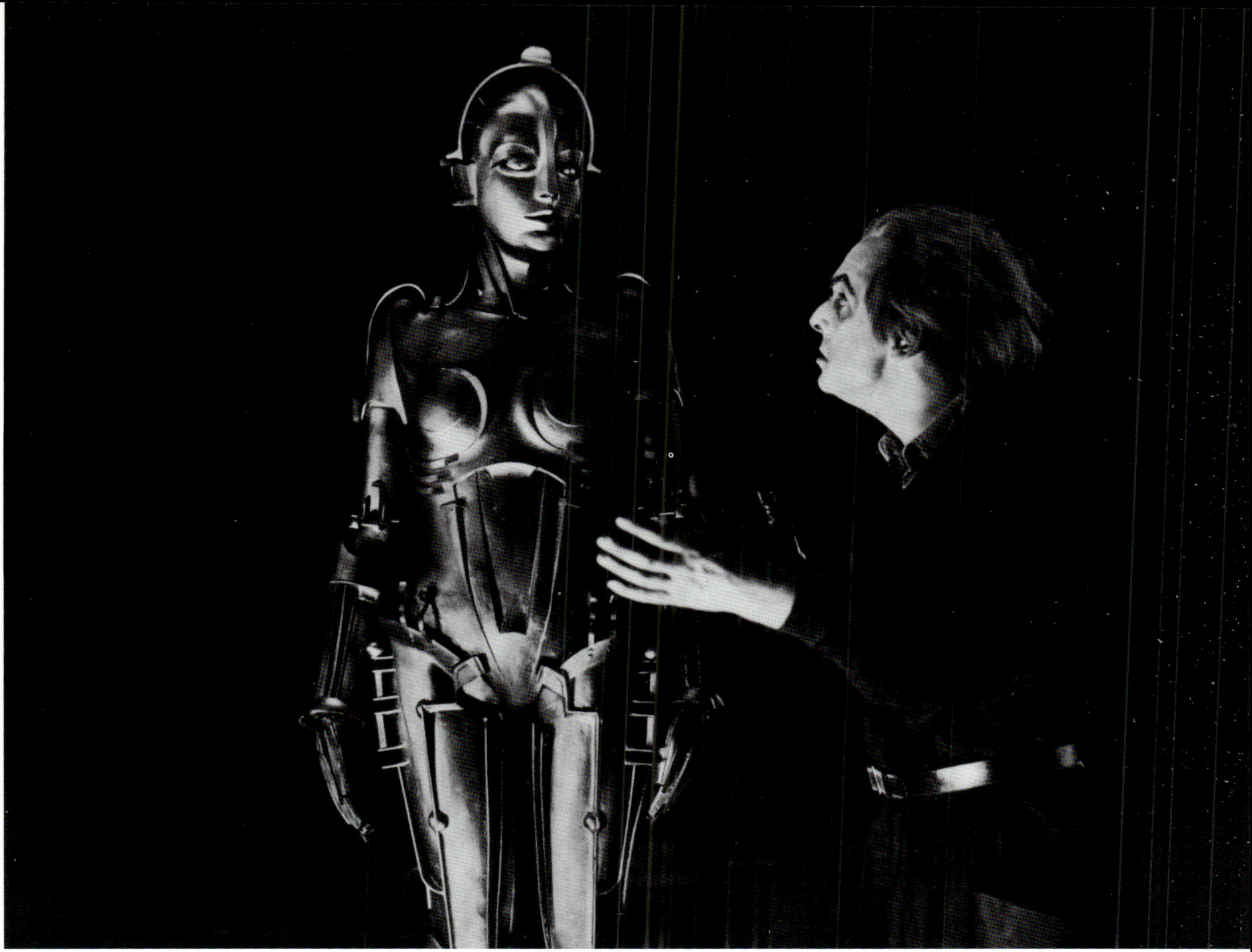

Fritz Lang, *Metropolis*, 1927, photographie de tournage avec Rudolf Klein-Rogge

Le plus complet, le plus génial aussi de ces savants, à la fois ingénieur, artiste, poète, fut le grand italien Léonard de Vinci (1452-1519), l'homme de la Renaissance. Son imagination était fabuleuse.
On connaît par ses manuscrits ses multiples « projets ».
Il a suivi François Ier à la cour de France, emportant avec lui, entre autres chefs-d'œuvre, *La Joconde*, maintenant exposée au musée du Louvre à Paris.

Le cinéaste autrichien naturalisé américain Fritz Lang (1890-1976) est l'auteur de nombreux chefs-d'œuvre dont *Metropolis*. Dans ce film, la ville du même nom est divisée en deux. Sur les hauteurs, le monde des puissants. Dans la ville basse, le monde ouvrier qui travaille durement. *Metropolis* est le premier film qui a mis en scène un robot, créé par un savant fou, Rotwang. Cette ville gigantesque, imaginée par Fritz Lang, reflète ce qu'il craint : un futur terrifiant dans des villes inhumaines telles qu'elles commencent à se développer en Europe et dans l'Allemagne de cette époque. Les ouvriers y sont soumis, abrutis par le travail, et les dirigeants, profiteurs et corrompus.

DES MONDES IMAGINAIRES

DES ESPACES FANTASTIQUES

Les artistes créent des génies qui hantent la terre, l'air, l'eau et le feu ; ils donnent des pouvoirs aux sylphides, aux gnomes, aux ondines.
Les voyages dans l'espace et le temps tiennent aussi une grande place dans la littérature et les arts. On peut évoquer le long périple d'Ulysse, le héros de l'*Odyssée* du poète grec Homère (VIIIe siècle av. J.-C.) ; les aventures insolites de Gulliver contées dans *Les Voyages de Lemuel Gulliver*, de l'écrivain irlandais Jonathan Swift (1667-1745), ou encore *Les Voyages extraordinaires* de l'écrivain français Jules Verne (1828-1905) qui ont inauguré un nouveau genre de littérature, la science-fiction.

Giuseppe Arcimboldo, *L'Eau*,
XVIe siècle, huile sur toile,
66,5 x 50,5 cm

Le peintre italien Giuseppe Arcimboldo (v. 1527-1593) passa vingt-cinq ans en Autriche au service des empereurs régnants. C'est un artiste particulièrement original dont le succès fut considérable. Les tableaux que l'on connaît de lui nous emmènent dans un univers onirique. Le peintre assemble fruits, plantes, fleurs, animaux, objets, pour représenter des portraits allégories des saisons ou des éléments de la nature, le feu, l'eau.

VOYAGER DANS L'ESPACE ET LE TEMPS

LA SCIENCE-FICTION ANTICIPE !

Les artistes comme les écrivains ont de tous temps exploré les territoires inconnus, joué avec le passé mais aussi avec le présent et l'avenir. Depuis la fin du XXe siècle, les producteurs de films profitent de la fascination du public pour des scénarios où s'affrontent des robots doués d'intelligence artificielle, des créatures venues de lointains espaces envahissant la terre. Ces histoires enchantent des spectateurs en quête de sensations fortes, friands d'actions étonnantes et de violence. En 1977, le cinéaste américain George Lucas a produit *Star Wars* (*La Guerre des étoiles*), premier volet de la saga. *Alien*, le film de science-fiction sorti en 1979 du réalisateur américain Ridley Scott, met en scène des extraterrestres et des créatures monstrueuses. Ce sont les contes des temps modernes.

Départ pour la Lune, 1865, illustration pour *De la terre à la lune* de Jules Verne

L'écrivain Jules Verne (1828-1905) a décrit précisément des mondes non encore explorés, comme le feront plus tard les écrivains anglais Herbert George Wells (1866-1946) qui a imaginé *La Machine à explorer le temps* (1895), ou Aldous Huxley (1894-1963) qui construit, dans *Le Meilleur des mondes* (1932), une société terriblement encadrée, dans un monde futur où la science et les techniques ont ôté toute liberté aux gens.

Georges Méliès (1861-1938) est un pionnier du cinéma, le père du cinéma de fiction. Invité à la première projection de cinématographe en 1895, il a tout de suite compris que le cinéma pouvait être au service de l'imaginaire. Il achète un projecteur et fonde, en 1897, dans sa propriété de Montreuil, le premier studio de cinéma et sa propre société de production qu'il appelle Star film. Son *Voyage dans la Lune* est le premier film de science-fiction de l'histoire du cinéma. Il connut un succès mondial. Méliès s'est inspiré des ouvrages de Jules Verne pour mettre en scène six savants qui, installés dans un obus gigantesque, sont propulsés par un canon géant. Peu de temps avant la mort de Méliès, Henri Langlois (1914-1977), créateur de la Cinémathèque française, parvient à sauver une partie de ses films qu'il fait restaurer.

Georges Méliès, *Le Voyage dans la Lune*, 1902, dessin pour le film

DES CRÉATURES IMAGINAIRES

DE L'ENFER AU CIEL

Des êtres mi-hommes, mi-animaux ou franchement singuliers se retrouvent dans toutes les civilisations.
Le Moyen Âge, hanté par le péché, a produit nombre de diables, anges, animaux bizarres. Venues des plus lointains imaginaires, ces créatures évoluent, se transforment, inspirent poètes, artistes, écrivains et parcourent les siècles en changeant de peau ou d'attribut. La tradition s'est perpétuée avec les fées, les sorcières, les fantômes, les êtres hybrides qui s'invitent ou se métamorphosent dans les contes.
Aujourd'hui, les films et les dessins animés mettent en scène des androïdes, des transformeurs, des robots. Les mondes virtuels de l'époque contemporaine envahissent les écrans et effacent quelquefois la frontière entre réalité et fiction.

Le Devisement du monde (1292), appelé aussi *Le Livre des merveilles du Monde*, est un ouvrage précieux puisque c'est la première documentation sur les pays et les peuples d'Orient. Il raconte les voyages et aventures fantastiques de l'Italien Marco Polo (1254-1324).

Dans ce récit, apparaissent, mêlées à la réalité, des créatures imaginaires comme le Blemmye ou le Sciapode, inventées par Marco Polo pour enjoliver son histoire. Cet ouvrage, très célèbre au Moyen Âge, a été enluminé de nombreuses fois.

Maître de Boucicaut, *Des peuples merveilleux : un Blemmye, monstre sans tête, et un Sciapode sur son seul pied en compagnie d'un Cyclope*, in *Le Devisement du monde*, vers 1410-1412

Eliezer Lissitzky, dit « El Lissitzky », *Le Nouvel Homme*, 1923

El Lissitzky (1890-1941), peintre et dessinateur russe, a fait partie des artistes soviétiques qui croyaient au progrès, à la technique et à un avenir radieux. Dans ses œuvres, il se sert de motifs géométriques, cercles ou rectangles, diagonales, qui donnent une impression de mouvement. Il a dessiné, pour l'opéra *Victoire sur le Soleil*, des figurines parmi lesquelles l'Homme futur, le Nouveau. Le Soleil, symbole de l'énergie du monde est jeté au sol par l'homme moderne qui peut créer sa propre source d'énergie.

LE MONDE DES RÊVES

LE SOMMEIL OUVRE LES PORTES DU RÊVE

Les Égyptiens et les Grecs de l'Antiquité étaient très attentifs aux rêves. Ils les considéraient comme des messages des dieux, l'annonce d'événements heureux ou terribles. En Égypte, Isis était la divinité lunaire protectrice des songes. Morphée, dans la mythologie grecque, était le dieu des songes, fils du Sommeil et de la Nuit. La Bible raconte des songes « prémonitoires », c'est-à-dire des rêves qui évoqueraient les événements à venir.

Les recherches sur les rêves de Sigmund Freud (1856-1939), médecin autrichien, fondateur de la psychanalyse, ont fait naître de nouveaux courants artistiques, comme le surréalisme. Elles ont aussi laissé émerger des artistes originaux qui privilégient le rêve et l'imaginaire.

Henri Rousseau, dit « le Douanier Rousseau », *Le Rêve*, 1910, huile sur toile, 204,5 x 298,5 cm

Salvador Dalí (1904-1989), peintre, dessinateur et écrivain espagnol, membre du groupe surréaliste de 1928 à 1939, a montré très tôt des dons pour le dessin. C'était un personnage excentrique doué d'une imagination débordante. Extrêmement intelligent, Dalí s'intéressa à tous les arts. Il fut en particulier fasciné par le cinéma, la photographie, la mode ou la publicité. Il se passionna aussi pour les travaux de Sigmund Freud. Dans cette toile, le bourdonnement de l'abeille, un bruit réel perçu par le dormeur, est devenu, dans le rêve, le rugissement des tigres prêts à tuer la femme étendue au sol.

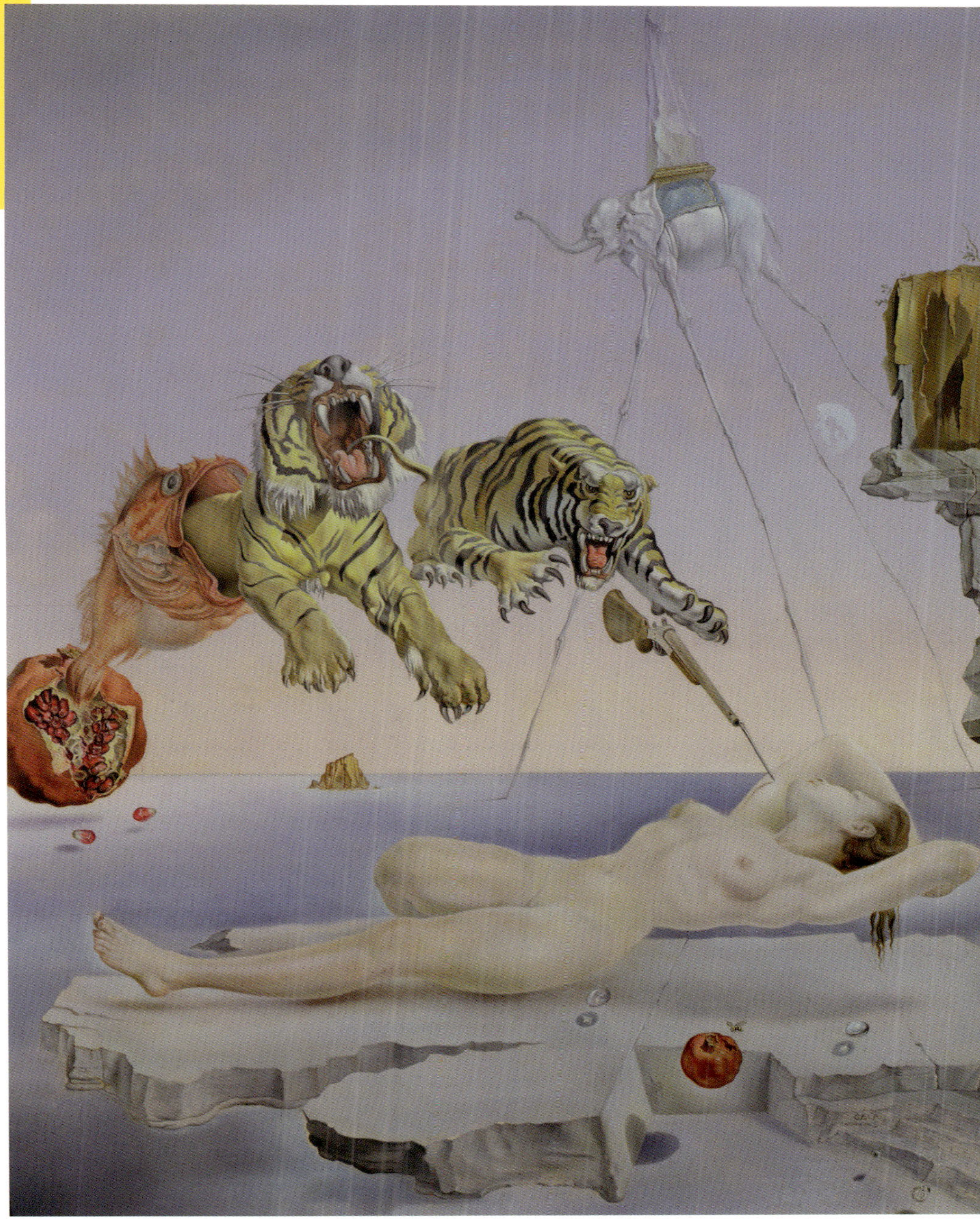

Salvador Dalí, *Rêve causé par le vol d'une abeille autour d'une pomme-grenade une seconde avant l'éveil*, 1944, huile sur toile, 51 x 41 cm

Le Douanier Rousseau (1844-1910) travaillait à l'Octroi de Paris, un organisme qui percevait les taxes des marchandises entrant dans la capitale. De là vient son surnom de « douanier ». Il exposa pour la première fois, en 1886, au Salon des artistes indépendants de Paris. Il a peint des fauves et des forêts tropicales, sans avoir jamais quitté la capitale : il les voyait au Jardin des plantes. Il les rêvait et les installait ensuite dans ses tableaux.

EN GUISE DE CONCLUSION

FOLLE DU LOGIS OU REINE DES FACULTÉS

L'imagination crée les mondes imaginaires des artistes ou des savants. Elle fabrique ceux des peuples et des individus. Pour le philosophe Nicolas Malebranche, l'imagination est « la folle du logis ». Elle fait oublier la réalité et la raison. L'imagination fait « comme si » ou dit « si j'étais ». Aujourd'hui, les images virtuelles font vivre certains d'entre nous dans un monde irréel et dangereux. Ils risquent alors de confondre la vie réelle et celle qu'ils vivent à l'écran. Il peut leur arriver de se livrer à des violences qu'ils ont imaginées ou vues à travers un écran et qui leur paraissent sans conséquences.

L'imagination est une faculté qui peut faire ressentir des sensations réelles de peur, de joie, de chagrin. Pour les créateurs, elle est « la reine des facultés », le levier de la création, un facteur de connaissance, la colonne vertébrale des œuvres d'art, un oiseau dans la tête, comme le montre l'œuvre de Francis Picabia (1879-1953), *Habia*. Celui qui crée en a besoin ; celui qui reçoit, aussi. Elle est un chemin de liberté ou d'évasion qui mène à la réflexion, au doute ou à la critique.

L'imagination, cette folle du logis, fait naître les imaginaires les plus flamboyants : l'art, les découvertes scientifiques, les inventions les plus constructives.

Sans imaginaires, il n'y aurait ni art ni progrès. La raison seule ferait la vie bien pâle et normée. Imaginer c'est s'amuser, inventer, créer, penser.

Francis Picabia, *Habia*, 1937,
huile sur carton marouflé
sur toile, 61 x 49,5 cm

HABIA

PETIT ALPHABET de l'imaginaire

Argan : Nom du personnage principal du *Malade imaginaire*, la dernière comédie de Molière (1622-1673). Argan se croit atteint de toutes les maladies possibles. Il se fait soigner par un médecin qui profite de lui. À la quatrième représentation, déjà très malade, Molière, qui jouait le rôle d'Argan, s'est effondré sur scène. Il est mort peu après. Ce n'était pas imaginaire !

Breton (André) : Écrivain français (1896-1966), il a fondé et animé le mouvement littéraire et artistique surréaliste (1919) dont le projet est de fouiller dans l'inconscient et les rêves pour les traduire en images ou en mots.

Chat : Selon l'écrivain François René de Chateaubriand (1768-1848), le château de Combourg, en Ille-et-Vilaine, serait hanté par le fantôme d'un chat accompagné par une jambe de bois. Cela se passait dans la tour du Chat.

Delacroix (Eugène) : Grand peintre (1798-1863), il est le principal représentant de l'école romantique qui fait la part belle au rêve et à l'imaginaire. Il a dit que la source du génie artistique, c'est « l'imagination seule » (*Journal*, 27 avril 1824).

Éluard (Paul) : Poète (1895-1952) qui a fait partie du mouvement surréaliste. Il célébra avec passion le rêve, l'amour et la révolte. Il a écrit cette phrase fameuse et poétique : « La Terre est bleue comme une orange », dans son recueil *L'Amour, la poésie* (1929), comparant ainsi la Terre à un fruit rond éclairé par le Soleil et baigné des eaux bleues de la mer.

Flaubert (Gustave) : Cet écrivain (1821-1880) écrit, le 20 mars 1866, au critique et philosophe français Hippolyte Taine (1828-1893) : « Quand j'écrivais l'empoisonnement d'Emma Bovary, j'avais si bien le goût de l'arsenic dans la bouche, j'étais si bien empoisonné moi-même, que je me suis donné deux indigestions coup sur coup, deux indigestions très réelles, car j'ai vomi tout mon dîner. »

Grèce : Le philosophe grec Aristote (384-322 av. J.-C.) disait que la tragédie, née en Grèce, à Athènes, imitait les actions humaines et permettait de connaître et de libérer le cœur humain. Ses pièces de théâtre mettaient en scène des héros, des demi-dieux, des rois, des reines empruntés aux mythes ou à l'histoire. Leur destin était toujours terrible.

Harpyes : Corps de vautour, visage ridé, bec et ongles crochus, elles sont des monstres imaginaires de l'Antiquité. D'une laideur épouvantable, elles fournissaient en morts les Enfers et tourmentaient les vivants.

Imagine : « Imagine qu'il n'y ait plus de pays, Ce n'est pas dur à faire. Plus aucune raison de tuer ou de mourir, Et pas de religion non plus. Imagine tout le monde, Vivant sa vie paisiblement… » Les paroles de la chanson *Imagine* (1964) de John Lennon (1940-1980) préfigurent le grand slogan de 1968 : « L'imagination au pouvoir ».

Jaffa : Humanoïdes extraterrestres nés dans la série télévisée de science-fiction *Stargate SG-1*. Ils possèdent une poche sur le ventre pour recueillir un jeune Goa'uld, un extraterrestre parasite. Leur planète-mère est Dakara.

Kalila : *Le Livre de Kalila et Dimna* est certainement le plus célèbre recueil de fables morales orientales. Il vient de la tradition née en Inde et était destiné à l'éducation des princes. Les fables mettent en scène des animaux au comportement humain. Elles ont inspiré de nombreux auteurs en Orient et en Occident. Jean de La Fontaine a lu les traductions en français et s'en est inspiré pour écrire ses *Fables*.

Lovecraft (Howard Phillips) : Cet écrivain américain (1890-1937) est un grand spécialiste des romans fantastiques et d'horreur. Il fait régner la terreur et provoque des frissons d'angoisse lorsqu'il fait parcourir à ses héros les sols glacés des châteaux maudits, ou surgir des créatures livides au détour d'un couloir sombre.

Musée : André Malraux (1901-1976), écrivain et homme politique, a voulu rassembler des images d'œuvres d'art dans son ouvrage *Le Musée imaginaire* (1947), afin d'avoir sous les yeux un très grand nombre de chefs-d'œuvre.

***Nouvelles Histoires extraordinaires* :** Ouvrage d'Edgar Allan Poe (1809-1849), un écrivain américain qui a été le maître de l'imaginaire et du roman macabre. C'est grâce aux traductions qu'en a fait le poète Charles Baudelaire (1821-1867) qu'une nouvelle voie s'est ouverte dans la littérature fantastique, à partir de 1852.

Ouranos : Ouranos (le Ciel) et Gaïa (la Terre) sont, dans la mythologie grecque, les parents des cyclopes. Cette alliance de la Terre et du Ciel explique la force de ces géants capables de forger des armes extraordinaires : le trident de Poséidon, dieu de la mer, ou le casque d'Hadès, dieu du royaume des morts, qui rend celui qui le porte invisible.

Pataphysique : D'après son créateur, l'écrivain Alfred Jarry (1873-1907), auteur d'*Ubu Roi*, la pataphysique est la science des solutions imaginaires.

Qui : *Qui veut la peau de Roger Rabbit ?* est un film de Robert Zemeckis (1988), dont les trucages par ordinateur permirent pour la première fois au cinéma de faire cohabiter le monde des *toons* (personnages de dessin animé) et des comédiens.

***Roman de Renart* :** Recueil de récits fantastiques qui datent des XIIe et XIIIe siècles. Les héros sont des animaux qui parlent et agissent comme des êtres humains. Ils ont les défauts des hommes. Les auteurs se moquent des chevaliers qui partent en croisade ; des pèlerins qui sont naïfs ; de la justice favorable aux plus riches. Renart est le prénom du goupil (renard).

Saint-Exupéry (Antoine de, 1900-1944) : « Les grandes personnes m'ont conseillé de laisser de côté les dessins de serpents boas ouverts ou fermés, et de m'intéresser plutôt à la géographie, à l'histoire, au calcul, à la grammaire. Cet ainsi que j'ai abandonné, à l'âge de six ans, une magnifique carrière de peintre », dit l'aviateur s'adressant au Petit Prince (*Le Petit Prince*).

Temple : Le boulevard du Temple, à Paris, avait été surnommé au XIXe siècle « boulevard du Crime » parce que certains théâtres de cette avenue s'étaient spécialisés dans le mélodrame, avec crimes, enlèvements, suspens. Le cinéaste Marcel Carné (1906-1996) leur rend hommage dans son film *Les Enfants du Paradis* (1945).

Ulysse : Héros de l'*Odyssée*, poème épique attribué à Homère (VIIIe siècle av. J.-C.). Lors de son voyage, Ulysse échoue avec ses compagnons sur l'île des Cyclopes. Il trouve une caverne qui sert d'étable aux troupeaux du cyclope Polyphème. Lorsque le géant revient, il dévore six marins et s'endort. Ulysse saisit alors un pieu, crève l'unique œil du Cyclope et peut s'enfuir avec ses compagnons.

Vampire : On doit l'invention du vampire, un mort-vivant qui sort de son tombeau pour aspirer le sang des vivants, à l'Anglais John William Polidori (1795-1821), qui écrivit, en 1819, *Le Vampire*. Dracula est le plus célèbre des vampires. Ce sont les films d'épouvante qui ont rendu le vampire populaire.

William Blake : Peintre, graveur et célèbre poète anglais (1757-1827). À l'âge de sept ans, il a cru voir Dieu le regarder par la fenêtre, sous la forme d'un immense visage à barbe blanche. Plus tard, des anges lui apparaissaient assis sur les branches des arbres. Ses hallucinations ont donné naissance à des œuvres peintes étranges et poétiques. Ses poèmes sont inspirés par la Bible et *La Divine Comédie* du poète italien Dante Alighieri (1265-1321).

Xochicalco : En 750, astronomes et savants se réunirent dans ce site du Mexique pour établir un nouveau calendrier. Ils ont été immortalisés sur la magnifique pyramide de Quetzalcóatl, où on les voit courir sous le corps sinueux du Serpent à plumes qui est la représentation de leur dieu.

Yéti : Appelé aussi « l'abominable homme des neiges », il est une créature légendaire qui habiterait l'Himalaya. Il fait partie des légendes du Tibet. Tintin l'a rencontré !

Zodiaque : Zone des cieux où passent le Soleil et les planètes. Il est traditionnellement divisé en constellations correspondant à douze signes astrologiques : le Bélier, le Taureau, les Gémeaux, le Cancer, le Lion, la Vierge, la Balance, le Scorpion, le Sagittaire, le Capricorne, le Verseau et les Poissons. Depuis l'Antiquité, les astrologues ont imaginé que la position des étoiles, au moment de la naissance d'un individu, pouvait donner des indications sur sa personnalité et son destin.

Crédit photographique

© ADAGP, Paris 2009 :
p. 7 ; p. 13 ; p. 21 ; p. 27 ; p. 35 ; p. 37 ; p. 39 ; p. 41.

© ADAGP, Banque d'images :
p. 7 : René Magritte, *La Trahison des images, ceci n'est pas une pipe*, 1929, huile sur toile / County Museum of Art, Los Angeles / © photothèque René Magritte - ADAGP, Paris 2009 ; p. 27 : René Magritte, *La Tentative de l'impossible*, 1928, huile sur toile, galerie Isy Brachot, Paris-Bruxelles / © photothèque R. Magritte - ADAGP, Paris 2009 ;
p. 35 : Georges Méliès, *Le Voyage dans la Lune*, 1902, dessin / © ADAGP, Paris 2009.

© AKG-Images :
p. 23 : Honoré Daumier, *Le Mélodrame*, 1856-1860, huile sur toile, Neue Pinakothek, Munich, Allemagne.

© Bridgeman Giraudon :
p. 4 : *Le Facteur rural en l'an 2000*, 1913, École française, lithographie couleur, collection privée / archives Charmet ;
p. 10 : Giacomo Jaquerio, *La Fontaine de la Vie, l'arrivée et la baignade dans la fontaine*, vers 1418-1420, fresque, détail, château de Manta, Saluzzo, Italie / Alinari ;
p. 15 : Pieter Bruegel, dit « Bruegel l'Ancien », *La Tour de Babel*, 1563, huile sur bois, Kunsthistorisches Museum, Vienne, Autriche ; p. 19 : Francisco Goya, *Le Colosse*, 1808-1812, huile sur toile, musée du Prado, Madrid, Espagne ; p. 25 : John Tenniel, *La Douche des cartes*, 1866, lithographie couleur, illustration pour *Alice au pays des merveilles* de Lewis Carroll, collection privée ;
p. 28 : Claude Monet, *Jean Monet sur son cheval mécanique*, 1872, huile sur toile, Metropolitan Museum of Art, New York, États-Unis, Giraudon ; p. 33 : Giuseppe Arcimboldo, *L'Eau*, XVIe siècle, huile sur toile, Kunsthistorisches Museum, Vienne, Autriche ; p. 34 : *Départ pour la Lune*, 1865, gravure, École française, illustration pour *De la terre à la lune*, roman de Jules Verne, Hetzel, Paris, collection privée / archives Charmet ; p. 36 : Maître Boucicaut, *Des peuples merveilleux : un Blemmye, monstre sans tête et un Sciapode sur son seul pied en compagnie d'un Cyclope*, in *Le Devisement du monde*, enluminure tirée du *Livre des Merveilles du monde* de Marco Polo, 1410-1412, Ms 2810 f.29v, Bibliothèque nationale, Paris ;
p. 39 : Salvador Dalí, *Rêve causé par le vol d'une abeille autour d'une pomme-grenade une seconde avant l'éveil*, 1944, huile sur toile, Collection Thyssen-Bornemisza, Madrid, Espagne / Lauros / Giraudon / © Salvador Dali, Gala-Salvador Dali Fondation - ADAGP, Paris 2009.

© Jean Cocteau :
p. 13 : *Silence ! ici j'ordonne..., Natalie Paley en sphinge*, 1932, photographie, dessin et commentaires manuscrits, montage sur carton, collection particulière / © ADAGP, Paris 2009.

© Francis Picabia :
p. 41 : *Habia*, 1937, huile sur carton marouflé sur toile, collection privée / © ADAGP, Paris 2009.

© Photos RMN :
p. 8 : *Portrait imaginaire d'Homère aveugle*, œuvre romaine d'époque impériale (IIe siècle, réplique d'un original grec du IIe siècle av. J.-C., marbre du Pentélique (Attique), ronde-bosse, musée du Louvre, Paris / Hervé Lewandowski ;
p. 9 : Linceul peint : *Le Défunt est accueilli par Anubis et présenté à Osiris momiforme*, provenant de Saqqarah, antiquité égyptienne (époque gréco-romaine, début du IIe siècle, toile de lin peinte à la détrempe, musée du Louvre, Paris / Hervé Lewandowski ; p. 11 : Katsushika Hokusaï, *Le Fantôme de Kohada Koheiji*, série « Cent contes de fantômes », (Hyaku monogatori), 1931, estampe nishike-e, musée Guimet, musée national des Arts asiatiques, Paris / Harry Bréjat ; p. 12 : Gustave Moreau, *Les Licornes*, 1885, huile sur toile, musée Gustave Moreau, Paris / René-Gabriel Ojéda ; p. 16 : Stefano di Giovanni di Console, dit « Sassetta », *Le Bienheureux Ranieri Rasini délivre les pauvres d'une prison de Florence*, XVe siècle, huile sur bois, musée du Louvre, Paris / Daniel Arnaudet ; p. 17 : *L'Imam Reza combat un démon*, page d'un Fâlnâma, (« Livre des présages »), vers 1550, miniature, gouache, or, papier, provenance incertaine, Qazwin, Tabriz, musée du Louvre, Paris / Gérard Blot ; p. 18 : Jacques Louis David, *Bonaparte, Premier consul, franchissant le Grand Saint-Bernard, 20 mai 1800*, XIXe siècle, huile sur toile, châteaux de Versailles et de Trianon, Versailles / Gérard Blot ;
p. 20 : *Alexandre s'envole dans une nacelle portée par des griffons*, in *Roman d'Alexandre* d'après Pseudo-Callisthène, vers 1470-1475, miniatures et enluminures sur vélin, École française, musée Condé, Chantilly / René-Gabriel Ojéda ;
p. 24 : Eugène Delacroix, *Dante et Virgile aux enfers*, (ou *La Barque de Dante*), 1822, huile sur toile, musée du Louvre, Paris / DR ; p. 26 : Caspar David Friedrich, *Le Voyageur au-dessus de la mer de nuages*, 1817, huile sur toile, Kunsthalle, Hambourg, Allemagne / © BPK, Berlin, Dist RMN / Elke Walford ; p. 29 : Auguste Renoir, *Claude Renoir jouant*, vers 1905, huile sur toile, musée de l'Orangerie, Paris / Franck Raux ; p. 30 : Léonard de Vinci, *Manuscrit B : Machine volante, partie des ailes mécaniques* (Folio 73 verso), *Machine volante, la structure des ailes*, (Folio 74 recto), 1485-1488, dessin au crayon et encre, bibliothèque de l'Institut, Paris / René-Gabriel Ojéda ;
p. 31 : Fritz Lang, *Metropolis*, 1927, photographie de tournage avec Rudolf Klein-Rogge, film de science-fiction, restauré en 2001 et inscrit au registre de la Mémoire du monde de l'UNESCO / BPK, Berlin, Dist RMN / DR.

© Mimmo Rotella :
p. 21 : *Marilyn*, 1962, décollage, collection particulière / © ADAGP, Paris 2009.

© Photos Scala, Florence :
p. 37 : Eliezer Lissitzky dit « El Lissitzky », *Le Nouvel Homme*, 1923, litographie appartenant à un portfolio de dix, publié par Robert Leunis & Chapman, Hannover. Purchase. Acc. n° : 143.1944.10, Museum of Modern Art, New York, États-Unis / Digital image, Museum of Modern Art, New York / © ADAGP, Paris 2009 ; p. 38 : Henri Rousseau, *Le Rêve*, 1910, huile sur toile, don de Nelson A. Rockefeller. 252.1954, Museum of Modern Art, New York, États-Unis / Digital image, Museum of Modern Art, New York.

Cet ouvrage a été réalisé par les éditions Milan avec la collaboration de Delphine Boudou, Hélène Duffau et Françoise Guiseppin
Conception graphique : 2 œufs, bacon, p'tites patates
Maquette : Graphicat
Suivi iconographique : Anne Lauprête

300, rue Léon-Joulin, 31101 Toulouse Cedex 9 France

Loi 49.956 du 16.07.1949 sur les publications destinées à la jeunesse.
Dépôt légal : mars 2009
ISBN : 978-2-7459-3621-9
Imprimé en Espagne

TABLE des MATIÈRES